DU

DEVOIR ÉLECTORAL

LETTRE AUX ÉLECTEURS

ÉMILE COLIN — IMPRIMERIE DE LAGNY

DU
DEVOIR ÉLECTORAL

LETTRE AUX ÉLECTEURS

Qu'est-ce que l'électeur ?
Avant l'élection : Tout.
Après l'élection : Rien.

PARIS
L. SAUVAITRE, ÉDITEUR
LIBRAIRIE GÉNÉRALE
72, BOULEVARD HAUSSMANN, 72

—

1889

DU

DEVOIR ÉLECTORAL

LETTRE AUX ÉLECTEURS

Chers co-électeurs,

Tout le monde ne peut être député, sénateur, ministre ou président de la République, bien que d'ailleurs tous nous puissions prétendre à ces hautes situations, puisque nous sommes tous égaux, ainsi que chacun sait. Mais l'égalité des droits, n'impliquant pas nécessairement celle des moyens et des facultés, ne conduit pas absolument à l'égalité dans les résultats. Bon gré, mal gré, il y aura toujours des citoyens qui, méritants ou non méritants, tentent de décrocher ou décrochent la timbale ; d'autres, qui paient la timbale à décrocher.

La première de ces deux catégories est celle des candidats, et, par conséquent, aussi des élus, auxquels il est même permis d'être électeurs. La seconde est celle des électeurs, qui ne sont ni élus, ni candidats. Du reste, un roulement est établi, de façon que nul ne soit condamné à figurer à perpétuité, malgré lui, dans l'une ou dans l'autre.

C'est à la seconde — dont je suis — que je m'adresse, pour parler un peu de toutes les deux ; de la première surtout.

Il vous est certainement arrivé quelquefois de vous demander à quoi servent, ce que font, doivent faire ou devraient faire, messieurs les députés ; sans parler des sénateurs, des ministres ou du président de la République.

Les députés! nous allons, paraît-il, en faire prochainement, — et en défaire, sans doute. C'est le moment de nous enquérir, de nous consulter.

La collaboration aux affaires publiques est devenue un droit pour tous. Du même coup, elle est devenue un devoir. Il est juste que chacun veille au choix de ceux à qui nous remettrons la charge de nos intérêts communs, de ceux de la sagesse ou de la folie desquels dépendra notre salut ou notre ruine.

L'individu peut, en général du moins, gérer seul et directement ses propres affaires. L'emploi de mandataires est pour lui facultatif, non indispensable. Mais nous, si nombreux, répandus sur une large surface, nous, la grande collectivité nationale, nous sommes contraints de subir des régisseurs. Sans cela, impossible de nous en tirer. Il nous faut une armée d'agents, tant sont multiples les soins qu'exigent l'organisation et la marche d'une société comme la nôtre.

Rendons-nous compte un peu.

Il nous faut une administration, une police, une force publique, soit pour assurer à chaque citoyen, à chaque association ou institution capable d'avoir des droits, le bénéfice de sa situation

propre, soit pour maintenir entre ces individua-
lités et ces collectivités diverses les rapports qui
les rattachent l'une à l'autre, et d'où résultent l'u-
nification, l'ensemble, la solidarité, indispensables
à l'existence d'un peuple.

Il nous faut plus encore.

Les droits appartenant à ceux-ci peuvent être
méconnus, contestés, usurpés par ceux-là; ou
encore, certains peuvent prétendre à plus de
droits qu'il ne leur en revient. Il y a conflit d'intérêts contraires. Qui donc, à chaque espèce par-
ticulière, fera l'application de la loi générale? Qui
donc aura qualité pour dire lequel a tort ou
raison, et dans quelle mesure? De là, nécessité
qu'il y ait des juges, dont les décisions, rendues
au nom de la nation, seront obéies, et, au besoin,
imposées.

Ce n'est pas tout. Individu ou peuple, on n'est
pas seul en ce monde. On a des voisins, que l'on
aime ou que l'on n'aime pas; dont les intérêts ou
les goûts, semblables nous rapprochent, contraires nous éloignent. Il existe comme une so-

ciété entre peuples, c'est-à-dire des relations, bonnes avec les uns, tièdes ou froides avec les autres. Mais une nation ne peut se transporter tout entière chez sa voisine, pour y causer un brin de telle ou telle affaire qui les intéresse également toutes deux, de tel dissentiment auquel doit être mis un terme, de telle entreprise pour laquelle elles devront associer leurs forces, etc.... Et il a donc fallu, pour parer à cette impossibilité évidente, investir des citoyens du pouvoir de parler au nom de la nation à une autre nation. Et c'est ainsi que la *diplomatie* s'est imposée.

Et si les relations entre peuples sont tellement tendues qu'elles viennent à se rompre, si la guerre éclate, la guerre, qui n'a d'autre objet, de la part de l'agresseur, que d'obtenir par la force ce qu'il n'espère point par d'autres voies, il faut une armée. Et comme nul ne peut prévoir à quel moment précis il sera contraint de livrer bataille, il faut une armée toujours prête.

Tout cela nécessite les divers services publics

correspondants, de l'intérieur, de la justice, des affaires étrangères, de la guerre.

Nous en pouvons dire autant en ce qui concerne la marine, les travaux publics, le commerce, l'instruction publique, etc.

Autre chose.

Chacun sait le proverbe : « Point d'argent, point de Suisse. » L'État doit donc rémunérer ceux auxquels il assigne une fonction quelconque dans les rouages de la machine gouvernementale. Il leur prend leur temps : qu'il les fasse vivre. S'il veut notre propriété, qu'il l'achète ; s'il veut notre peine, qu'il la paie. Il faut de l'argent pour les routes, les places, les monuments publics, qu'il s'agisse de créations nouvelles ou de l'entretien des anciennes. Il faut de l'argent pour l'armée, pour les armes et les munitions de toutes sortes. Il en faut pour la marine, pour l'instruction publique, pour la police, pour les postes et télégraphes, etc.... Qui oserait demander au facteur de distribuer pour rien les lettres de tout le monde ?

Or, l'État n'a d'argent que si les citoyens lui en donnent, et nous voilà forcément amenés à répartir entre nous tous, sous la qualification d'*impôts*, les charges qui le grèvent. Il en est de la grande association nationale comme des moindres sociétés de secours mutuels, des cercles, des associations diverses pour les progrès de l'agriculture, des sciences et des arts, etc., sans en excepter les orphéons eux-mêmes, qui ne sauraient chanter sans argent. Ceux qui font partie de ces groupes doivent une cotisation; d'où résulte la nécessité d'un service spécial : les finances, c'est-à-dire l'administration qui devra remplir le rôle de caissier ou trésorier; qui percevra les cotisations, c'est-à-dire l'impôt, et en distribuera le produit en l'acquit de la nation. Ainsi pourront être payées, à l'aide de la contribution de tous, les dettes contractées pour l'utilité de tous.

Trouvez donc le moyen de faire aller cela tout seul! Impossible, n'est-ce pas, et d'une impossibilité absolue? L'accomplissement d'une tâche pareille exige le concours d'un personnel nombreux, offrant des aptitudes variées, qui toutes trouveront leur utile emploi dans la répartition de l'immense besogne.

Eh bien ! administration, police, force publique, justice, travaux publics, postes, commerce, agriculture, colonies, instruction publique, beaux-arts, marine, armée, finances, tout, en un mot, la sécurité ou le désordre, la prospérité ou la misère, la paix ou la guerre, tout est aux mains de ceux dont nous faisons nos députés. N'est-ce pas, qu'à l'approche des élections, il vaut la peine d'y songer, pour ne confier un tel fardeau qu'à de solides épaules ?

Les députés sont la tête qui dirige : ils tracent au gouvernement la ligne qu'il doit suivre. Ils font des lois que nous devons tous subir. Le personnel des divers services publics est à leur merci. Il sera, par leur influence, maintenu, renouvelé ou désorganisé. Peuplé d'amis .ou d'ennemis, de gens capables ou incapables, il est par eux ce qu'il est, et c'est à eux qu'en revient la louange ou le blâme.

On dira : Le personnel est dans la main des ministres. Mais est-ce que les ministres ne sont pas dans la main de la Chambre?

Une telle autorité, une telle influence, ne peuvent être accordées qu'à des gens d'une capacité, d'une moralité, d'une indépendance connues et reconnues.

Nous autres électeurs, nous ne sommes point tenus d'avoir tant de mérites. S'il ne s'agissait que de probité et d'indépendance, la plupart d'entre nous seraient, sans conteste, n'est-ce pas, dignes de la candidature. Mais les connaissances nécessaires à un député qui doit n'être pas propre seulement à s'asseoir sur un banc, voilà ce qui nous manque, du moins en général. Ils sont en effet trop peu nombreux, ceux à qui n'ont fait défaut ni le temps, ni les moyens de s'instruire. Presque tous, nous exerçons une profession, un métier, dont nous vivons et auquel nous donnons notre temps et nos soins; ce qui ne nous permet guère d'acquérir la science de la politique.

Mais ceux qui, sortant des rangs, prétendent à la députation, affirment par là n'être ni des inutiles ni des brouillons et s'estiment évidemment capables de remplir le rôle qu'ils sollicitent ou qu'ils laissent solliciter pour leur compte. Et si enfin ils sont députés, ils se doivent et ils nous doivent d'être experts en matière gouvernementale. C'est un engagement qu'ils ont pris en demandant à conduire le *char de l'État*. Ils sont où ils ambitionnaient d'être, sur le siège du cocher. A eux la maîtrise. Quant à nous, les gouvernés, qui sommes dans la voiture, nous avons le droit de compter être bien conduits. Et, n'entendrions-nous rien à l'art de tenir les guides, nous n'en apprécierons pas moins très exactement si nous sommes ou non en bonnes mains. Il n'est pas nécessaire d'être un savant pour s'assurer que l'on est tranquille ou qu'on ne l'est pas, et, sans connaître comment se forme la grêle, on sent très bien si l'on est grêlé. Donc, souhaitons de rencontrer des cochers habiles : œil prompt, main sûre et coups de fouet à propos.

On nous dira : Les cochers de l'État, ce sont les ministres. Nous répondrons : Non, ce sont les députés. D'abord, c'est parmi les députés, à peu près exclusivement, que sont pris les ministres. En outre, s'il est vrai qu'officiellement le Président de la République les désigne, il est vrai aussi qu'en réalité, il les baptise plutôt qu'il ne les choisit. Car, dans ses prétendus choix, il défère aux injonctions, dites parlementaires, de messieurs les députés. Si ceux-ci ont besoin de lui pour consacrer tel ministère qu'ils préparent, il a besoin d'eux pour avoir un ministère à consacrer. Demandez à M. Grévy.

Ne parlons pas de la démolition des ministères, à laquelle messieurs les députés savent procéder tout seuls, comme on a pu le constater quelquefois.

Leur volonté est irrésistible. Le ministère doit s'y soumettre ou se démettre.

Allez donc confier cette espèce d'omnipotence

à des incapables, par exemple ! Jamais, s'il vous plaît ! Ils ne sauraient par quel bout s'y prendre. Étonnés de leur puissance, à laquelle ils ne sont point préparés, vous les verriez tournant et retournant dans leurs mains inhabiles l'outil dont ils ne savent se servir. Curieux de tout, imprudents par inconscience, ne sachant ni avancer ni se tenir tranquilles, versant à droite, versant à gauche, comme gens étrangers à la place qu'ils occupent et incertains si c'est bien la leur. Ils pourraient, après tout, faire leurs affaires : jamais les nôtres. Et s'ils devenaient ministres, ils n'entreraient au Ministère que pour en sortir aussitôt et ne seraient installés que pour être mis en réforme.

D'ailleurs, nous n'aurions pas le droit de leur en vouloir de s'être proposés à nos suffrages. Si nous les nommons, ce sera tant pis pour nous. Ils pensent très fermement ne pas nous tromper en s'affirmant capables : on a si facilement une haute opinion de soi ! Ils se trompent, voilà tout, comme nous nous trompons nous-mêmes si nous les croyons bons à quelque chose.

Parmi les incapables, ceux-là seront moins à redouter, qui ne font rien et ne tentent de rien faire. Au moins, ils ne font point de mal. Vaniteux généralement, mais à peu près inoffensifs, ils occuperont leur place, en ce sens qu'ils empêcheront qu'un autre s'y mette ; un mannequin ne fait guère autrement. Nous les aurons comblés d'aise, par l'octroi de la députation. Ils voudraient bien être utiles; mais en quoi ? C'est l'embarras pour eux ; ils le sentent d'instinct et, suivant les préceptes du sage, ils s'abstiennent. Cela vaut mieux. Le mécanisme du pouvoir est délicat. Ils pourraient le casser s'ils en jouaient.

Peut-être estiment-ils aussi qu'il doit suffire à notre félicité de les contempler dans un poste qui leur assure un rang honnête dans les fastes de leur famille. Ils se disent : Je suis député ! — on leur dit : tu es député ! — On se répète : Il est député ! Ce qui, pour eux du moins, est un grand honneur. S'ils n'étaient pas députés, que seraient-ils ? hélas !

Le résultat le plus net de leur élection serait de nous rendre ridicules et de nous faire passer pour imbéciles, par cela seul que nous les aurions choisis, voilà tout.

Il en est, au contraire, chez qui l'incapacité n'est pas exclusive d'une certaine suffisance, et qui seraient heureux de laisser quelques traces de leur passage. Ils sont prêts à marcher, sans savoir où ils vont, ni par où ils passent. C'est avec les meilleures intentions du monde qu'ils vous mèneraient noyer. Ils seraient des conducteurs dangereux.

Donc, gardons-nous des incapables de toutes les couleurs.

Gardons-nous aussi et plus encore, s'il est possible, des sectaires. Les sectaires sont les esclaves d'une passion. Ils ont une théorie, une théorie inflexible, où sont casées toutes les réformes à faire en ce monde et, au besoin, dans l'autre. Ça les connaît, les réformes, et elles arriveront, s'alignant d'elles-mêmes, dès qu'ils seront chargés d'en faire l'appel. Ils ont la foi et l'aveuglement de la foi. Ils transporteront des montagnes, cela est certain et ils n'en ont jamais douté. Ils ont du rapport avec Guzman, en ce qu'ils ne connaissent point d'obstacles. La plupart sont à la fois démolisseurs et reconstructeurs de sociétés. Il en est qui se contentent d'être démolisseurs.

Ceux-ci ne sauraient point remonter la machine ; mais laissez-les donc la démonter ! Ils ne sauraient point organiser : mais laissez-les donc désorganiser ! Comme ils s'y entendent ! Ils sont faits pour défaire ! Pourquoi détruisent-ils cela ? Parbleu ! parce que cela existe !

Ceux-là ont charge de fabriquer le bonheur public. Ils s'attribuent sans partage la vérité gouvernementale, et ils veulent conformer l'univers au moule qu'ils ont préparé. Ils apporteront dans leurs actes les plus étranges une sérénité que rien n'altère. Terribles, ils trancheront les difficultés avec l'inconscience d'enfants qui font le bien ou le mal sans qu'on leur en puisse faire ni un mérite ni un crime. Bien faire, pour eux, c'est agir selon leur système. Ils n'admettent pas qu'en ce cas ils puissent errer. Ils ne s'appartiennent pas ; ils sont la chose de leurs principes, l'instrument de la vérité, *de leur vérité à eux*. Leur siège est fait, ils n'en démordront pas. Il y a de la fatalité dans leur être. Ils fonctionnent tout d'une pièce ; si on les casse, les morceaux n'en valent rien. A leurs yeux une concession est une lâcheté, toujours et quand même. Et, si l'humanité déborde les limites où leur système l'emprisonne, ils l'excommunient ; car au-delà, ils ne sentent, ne comprennent, ne tolèrent rien. Ils n'aspirent à rien, hors l'application de leur panacée politique et sociale.

Mais dans l'ordre d'idées où ils confinent leur esprit, comme ils triomphent, comme ils réfutent victorieusement les objections qui leur sont faites ! comme ils pulvérisent ou suppriment les difficultés, et comme ils réduisent à des opérations commodes les problèmes les plus ardus que soulève l'agencement des agglomérations humaines !

La plupart ont la tête farcie de mots découpés à

leur usage dans la légende révolutionnaire, et ils s'imaginent qu'ils vont rééditer les temps fameux ! Ils croient valoir Danton parce qu'ils croient avoir son audace ; et ils oublient que l'audace n'est glorieuse que par le but et par le danger.

Ah ! que les grands réformateurs de la grande époque doivent prendre en pitié nos brouillons à courte vue ! Eux qui jetaient à pleines mains les germes de la liberté et de l'égalite sociales et fondaient un monde nouveau ! Eux qui offraient leur tête à la patrie pour gage de leur dévouement et qui savaient affronter la mort pour le triomphe des droits de l'homme !

Ce n'est plus le temps. Les choses d'aujourd'hui n'exigent point d'aussi grands hommes et l'on perd sa peine à jouer au conventionnel. Ces élans réchauffés s'évanouissent en phrases, et nos modernes fanatiques rétrogradent au lieu d'avancer. Traînards de la Révolution, ils veulent la recommencer sans cesse, parce qu'ils sont impuissants à la suivre.

C'est un peu le cas, mais à un bien moindre

degré, de certains vieux lutteurs, républicains sincères, loyaux, vénérables s'il en fut, mais qui ont si longtemps et tellement bataillé, qu'ils en ont contracté une incorrigible ardeur. Ils brandissent sans cesse leur grande épée de combat. Que diable! on est vainqueur : la république est fondée ! Il faut se décider à accrocher les sabres et ne pas ainsi risquer de compromettre sa victoire, pour vouloir guerroyer à tout prix.

Certes il ne faudrait point appliquer aux novateurs ce que nous disons des sectaires. Les novateurs n'aspirent point à tyraniser l'humanité. Ils ne luttent point contre la nature des choses. Ils s'en inspirent au contraire, ils la suivent, ils la servent ; on les dit novateurs, parce qu'ils découvrent les premiers la solution pratique des difficultés qui nous arrêtent. S'ils prévoient trop avant dans l'avenir, ils n'auront été que des utopistes. Mais s'ils voient juste au moment où leur clairvoyance nous est profitable, ils sont pour tous des bienfaiteurs.

Puissions-nous en trouver, des novateurs! eux

seuls pourront aider aux réformes durables, c'est-
à-dire compatibles avec les conditions de notre
existence. Les sectaires, eux, prétendent que
l'œuvre humaine est mal faite, et s'imposent chacun comme le plus habile des créateurs. Leurs
systèmes sont des camisoles de force pour l'humanité. Ils n'ont de ressources que dans la vio-
lence.

Si nous devons éloigner les sectaires, gens qui
croient trop et dont les convictions sont tyran-
niques pour autrui, nous devons éloigner de
même les gens qui ne croient pas assez, ou plutôt
qui, pour obtenir la candidature, sont prêts à
croire tout ce que l'on voudra. Les premiers
n'admettaient que leur volonté. Ceux-ci ne con-
naîtrons que la nôtre, et nous devons nous attendre, nous électeurs, à ce qu'ils fassent tout au
monde pour nous circonvenir. Ils auront, pour
nous complaire, toutes les audaces et toutes les
souplesses. Ils accepteront ou proposeront tous les
engagements par où ils croiront arriver à nous
conquérir. S'ils n'ont jamais un programme dans

le cœur, ils en auront toujours quelqu'un sur les lèvres. Ils ne disent point ce qu'ils pensent, mais s'approprient ce que nous pensons, pour en faire à l'instant l'objet de leurs convictions les plus ardentes jusqu'à nouvel ordre. Estimant une idée en proportion des suffrages qu'elle leur pourra valoir, ils ne pensent point que les sentiments politiques puissent avoir une autre portée que de capter les électeurs. Ce que nous désirons, ils le désirent ; ce que nous redoutons, ils le redoutent ; ce que nous détestons, ils l'abominent. Leur opinion, c'est la nôtre, quelle qu'elle soit. Ils en changeront, s'il le faut, avec nous, comme nous. A notre gré, nous les ferons calmes ou exaltés, pratiques ou fantasques, libéraux ou jacobins, belliqueux ou pacifiques. Entrepositaires de nos inquiétudes, de nos vœux, de nos aspirations, vases d'élection sur l'inaltérable vernis desquels le séjour d'aucun parfum ne saurait d'ailleurs laisser de traces appréciables, ils sont prêts à ne s'offusquer de rien, si ce n'est de n'être point élus !

Il n'est évidemment pas charitable de supposer

que de telles candidatures soient possibles. Mais il est permis de tout prévoir ; et si le cas se présentait, nous aurions vite fait de répondre au personnage à tout faire : « Eh ! quoi, monsieur, vous tenez donc bien au mandat de faire notre bonheur, que vous ne craigniez pas de le payer par une telle docilité ! Vous ne feriez point pis, si vous étiez intéressé plus que nous-mêmes à votre élection ! Et l'on croirait bientôt que vous avez plus besoin de nous que nous-n'avons besoin de vous ! On ne nous a pas octroyé le droit de suffrage à la charge soit de faire une *position* à ceux qui n'ont pu s'en faire une eux-mêmes, soit de satisfaire à des ambitions que rien ne justifie ! C'est dans notre intérêt, non dans le vôtre, que nous l'avons reçu, et que nous devons en faire usage. Et nous ne voyons pas trop de qui, si ce n'est de vous, nous pourrions mériter les éloges, pour avoir sacrifié le bien du pays au plaisir de vous mettre en un si haut poste. Nous n'avons pas de service à vous rendre : nous avons au contraire besoin de gens qui nous en puissent rendre à nous-mêmes ! »

Au surplus il peut arriver que, sans être conduits par un ambitieux calcul, des candidats se laissent aller à signer ainsi aveuglément des promesses imposées, et sans doute l'on trouverait parfois dans la simplicité de leur cœur l'explication de leur faiblesse. C'est même l'hypothèse la plus acceptable pour l'honneur de l'humanité. Que de gens en effet sont aptes à jouer sans malice un rôle tout impersonnel ! Candides, ils n'ont que faire de la liberté de penser, car ils ne pensent point. Aussi trouvent-ils naturel et légitime de recevoir des idées de la générosité d'autrui, incapables qu'ils sont d'en tirer d'eux-mêmes. Mais c'est là une aptitude qui les range parmi les impuissants, dont, comme nous l'avons déjà dit, il serait ridicule d'émailler une députation.

En tout cas, chers co-électeurs, veillons au grain, et, finaud ou incapable, tenons à distance le candidat qui veut tout promettre ou tout signer. Ayons conscience de notre mission et de notre intérêt. Le droit de vote est une prérogative importante dont les conséquences ne sont autre chose que notre avenir même. Grâce au suffrage, chacun de nous est admis à donner sa poussée aux affaires publiques. Usons de discernement ; réfléchissons bien avant d'agir ; car les affaires iront dans le sens où la poussée sera la plus forte. Si nous nommons des intrigants, c'est nous qui ferons le gâchis ; si nous nommons des rétrogrades, c'est nous qui ferons le recul... Notre sort est entre nos mains, puisque, s'il dépend de ceux que nous nommerons, il dépend de nous de nommer qui il nous plaît. Tant pis pour nous, si, négligeant notre puissance légitime, nous oublions que c'est nous qui sommes les maîtres le jour du scrutin, mais seulement ce jour-là. Tant pis pour nous si, peu soucieux de mériter cette autorité souveraine, nous faisons légèrement nos choix, sauf à les déplorer ensuite. Le suffrage universel se déconsidère par ses erreurs, quand il eût pu les éviter. C'est à lui que l'on reprochera l'incapacité ou l'indignité de ses élus. Élire veut dire : *choisir*. Celui-là doit être *choisi*, que ses qualités désignent comme le plus apte à remplir la fonction à laquelle on le destine. Les avantages qu'il en pourra retirer pour lui-même doivent n'avoir nulle influence sur nos décisions. Que le suffrage soit égoïste, car il ne doit rien à personne ; qu'il ne donne jamais une candidature comme une faveur ou une récompense. Que dirait-on d'un souverain qui choisirait de mauvais ministres, ou de ministres qui nommeraient de mauvais employés ? C'est le suffrage universel qui est le souverain aujourd'hui : qu'en devrait-on penser et dire s'il se montrait léger ou aveugle dans ses choix ?

Lorsque, par une raison quelconque, vous ne pouvez apporter dans une affaire qui vous intéresse les soins qu'elle exige, que faites-vous ? vous en chargez un mandataire ? Et qui prendrez-vous pour mandataire ? Quelqu'un qui se connaisse au genre de travail que vous ne pouvez ou ne voulez exécuter vous-même. Faites-vous bâtir une maison ? c'est un constructeur que vous demandez et, parmi les constructeurs, vous préférerez celui qui jouit du meilleur renom. Faites-vous faire ou réparer des meubles ? c'est un ébéniste que vous appellerez, et, suivant la difficulté de l'ouvrage, vous opterez pour celui-ci ou pour celui-là... En d'autres termes, ce que vous exigerez de votre mandataire, c'est qu'il soit capable de gérer l'affaire que vous avez à lui confier. La chose vous parait d'autant plus déli-cate, qu'il s'agit de plus graves intérêts et lors-que, par exemple, vous allez donner pouvoir de reconnaître ou de contracter des obligations pour votre compte, de procéder à des règlements, de recevoir des sommes qui vous sont dues, vous y regardez à deux fois avant de signer le *Bon pour pouvoir*. Vous voulez ne vous livrer qu'à un homme honnête et suffisamment intelligent. Vous revenez aux renseignements, vous les con-trôlez et vous vous décidez enfin en connaissance de cause.

Est-ce que la chose serait moins importante, lorsqu'il s'agit non plus exclusivement de vos intérêts privés, mais des intérêts de la nation entière ? Lorsqu'il s'agit des finances publiques, de l'armée, de la marine, de la justice, du commerce, de l'agriculture, de la sécurité soit intérieure soit extérieure ?... Que deviendraient nos pauvres petites affaires privées, si tout cela tombait en de mauvaises mains ? Est-ce que tout ne serait pas entraîné dans l'effondrement des affaires publiques ? Est-ce que nos finances, notre armée, notre marine, ne sont rien pour nous ? Est-ce que la sauvegarde de nos personnes et de nos droits ne nous est point précieuse ? Elire des députés, c'est remettre nos intérêts les plus considérables à des mandataires. Ayons confiance en ceux-là seulement que nous jugerons capables de bien gérer. Renseignons-nous, assurons-nous de notre mieux, avant d'écrire le *Bon pour pouvoir*. Ne nous livrons qu'à bon escient, et, avant de croire à ceux qui lancent de riches prospectus, vérifions s'ils tiennent en effet de la bonne marchandise, conforme à la montre. Le meilleur chocolat est toujours celui du fabricant qui vous parle : n'en prenez pas moins la précaution de goûter avant de vous prononcer.

Faisons de même à l'égard des candidats et ne les acclamons pas sur la seule foi de l'étiquette.

Apprécier le candidat, et puis, ou l'accepter ou l'éconduire, c'est notre rôle à nous électeurs. Il est juste, il est prudent, que nous éclairions la route où nous engageons le pays. Nous allons sacrer des puissants, leur donner sur nous et sur tout ce qui est à nous, une autorité que rien ne pourra rétracter. Une procuration peut, en principe, être révoquée à volonté. Le mandat conféré au député est au contraire irrévocable pour un temps, et le vote une fois acquis, nos pouvoirs sont épuisés. Avant l'élection on nous consulte, on nous choie, on nous caresse. Il en est pour qui le moindre de nos désirs est une loi, pour qui nos propos sont des oracles. De notre voix, la voix du peuple, on fait la voix de Dieu. Nous sommes souverains, on le proclame, et, à ce titre, nous avons des courtisans. Méfions-nous des courtisans. Ils ont toujours perdu leurs maîtres ! Préférons ceux qui nous sont moins aimables et s'occupent de nous dire la vérité plus que de nous plaire. Après l'élection, dame, on n'a plus besoin de nous ! vous devinez ce qui en résulte. Bref, nous sommes tout avant l'élection. Après, nous ne sommes rien. A nous d'aviser.

Nous sommes certainement capables de distinguer entre les candidats, et de choisir ceux qui sont intelligents et honnêtes. Qu'il fût absurde de nous demander de faire des lois, du moins en principe, nous n'y contredirons point. Les quatre-vingt-dix-neuf centièmes des électeurs n'auraient que des notions insuffisantes, et ne feraient rien. Le centième restant ferait tout ; et les lois ne seraient donc l'œuvre que d'une minorité infime qui s'arrogerait la direction. Le vote ne serait pas l'expression de l'intelligence et de la volonté de tous, mais de l'intelligence et de la volonté exclusive de quelques-uns. C'est précisément parce qu'il est impossible que chacun de nous soit directement législateur, que nous nommons des députés, des législateurs. Cette impossibilité est la raison d'être de la *représentation nationale*. Mais, incapables de faire les lois, nous sommes bien capables de désigner qui les saura faire. Est-ce qu'il faut savoir faire des bottes pour savoir choisir son bottier ? Non certes, et, sans avoir fait *ses classes*, on arrive encore à connaître les bons fournisseurs en toutes choses. Il n'est pas sans doute bien plus difficile de trouver un bon candidat.

Tel homme nous est signalé, renseignons-nous ; il ne peut nous cacher ce qu'il a été. Ses actes, son passé, son œuvre, dont il reste toujours quelque chose, nous diront ses qualités et ses défauts.

Est-il une girouette ? En ce cas, en grinçant ou sans grincer, suivant qu'il aura été ou non graissé en temps utile, il aura viré sous l'influence successive des divers courants, et l'on retrouvera certainement quelque part le témoignage de ses orientations variées. Gardons-nous de lui. Qui a tourné, tournera. C'est la nature. On est aujourd'hui ce que l'on était hier, et l'on sera demain ce que l'on est aujourd'hui, volage ou fidèle. Question de tempérament, on ne se guérit ni de la constance ni de l'inconstance. Celui qui a fait la cour à plusieurs politiques, n'en épouse jamais aucune sincèrement, et l'on peut être assuré que malgré ses protestations, il réserve toujours sous roche, et presque involontairement, une arrière-pensée de divorce, qui n'attend, pour éclater, que des circonstances favorables. Papillon politique, il butinera partout, et ne sera d'un parti qu'autant qu'il y trouvera du miel à cueillir. Que feriez-vous d'un tel homme ?

Il nous faut des candidats habitués à la fixité, conformés pour elle. Celui que l'on n'a jamais vu pivoter doit être le moins suspect, et il est à peu près certain qu'il ne pivotera pas. C'est toujours le passé d'un homme qui vous dira ce que vous devez espérer ou redouter de lui dans l'avenir.

Si nous ne rencontrons pas ce candidat selon notre cœur, d'une capacité, d'une probité et d'une fidélité garanties, gardons-nous toujours de prendre, à son défaut, quelqu'un de ces anciens adversaires, aujourd'hui retournés et que nos succès seuls ont pu parvenir à ranger au nombre de nos amis. Ceux-là sont ralliés, non à nos idées, mais à notre victoire. Leur zèle est d'autant plus excessif qu'ils sont plus désireux d'effacer les traces de leur vieille hostilité. On ne peut nier l'apparente sincérité de leur conversion. Mais les conversions vraies sont si rares ; intéressées elles sont si fréquentes ! Un ex-ennemi est bien redoutable ! Car vous ne pouvez décemment continuer d'être le sien, et si, par malheur, il est au fond demeuré le vôtre, vous lui êtes livré sans défense.

Aussi, laissons dans le rang le converti. En consentant à y rester il méritera davantage notre confiance ; ayons la prudence de ne pas remettre la garde de la bergerie à ce loup devenu mouton ou simili-mouton.

Mieux vaudrait, faute d'un candidat éprouvé, recourir à un homme jeune, sans passé, qui se déclare de nos amis et dont l'attitude et la conduite ne démentent point l'affirmation. Ne lui demandons même pas un compte trop sévère de ce que son père pensait avant lui. Les jeunes ont comme respiré les idées nouvelles. Ils ont subi, même à leur insu, l'effet de cette influence assimilatrice du milieu social. Et on doit les croire, lorsqu'ils se présentent comme républicains ; ils sont encore au seuil de leur vie politique. Ils se prononcent, ils prennent un engagement, ils se lient à une idée : on n'a pas le droit de présumer qu'ils mentent à la première parole qu'ils donnent. C'est par les jeunes que l'on aura l'avenir. Ils sont les recrues les plus précieuses.

Tout cela, c'est au point de vue politique.

Reste le côté *affaires*, qui n'est pas moins à considérer. Il est raisonnable de ne confier nos intérêts qu'à des gens qui aient prouvé leur capacité en gérant convenablement les leurs propres. Ce doit être à nos yeux une meilleure note d'avoir réussi que d'avoir échoué. On aime mieux laisser conduire sa barque par celui qui a su déjà bien mener la sienne. Et d'ailleurs, se dévouerait-il bien sincèrement à nos affaires, le député qui aurait déjà trop de se préoccuper des siennes ?

C'est donc parmi ceux dont le succès dans la vie a démontré les aptitudes, ou qui, du moins, n'étant pas tombés, n'ont pas besoin qu'on les relève et se sont maintenus en bon rang, c'est parmi ceux-là d'abord que nous devrons choisir.

Seulement, une observation : on nous demande 584 députés. C'est trop ! Nos mandataires feraient bien de corriger la loi sur ce point.

584 députés ! Grand Dieu ! Et pourquoi faire ?

Pour toucher 584 fois 9,000 francs ; car ils sont payés 9,000 francs pièce ; plus, à chacun, l'aubaine d'une place gratuite où à peu près, sur tous les chemins de fer, du Nord, du Midi, de l'Est, de l'Ouest et du Centre !

Certes, si ces messieurs font de bonnes et utiles journées, ce n'est point trop. Disons mieux : ce n'est pas assez. Mais si, par exemple, — pure hypothèse d'ailleurs, — ils devaient passer leur temps à se chamailler, à défaire le lendemain ce qu'ils auraient préparé la veille, à ouvrir la séance uniquement pour se donner le plaisir de la lever, à s'injurier, à se diviser, à se morceler, à se dénoncer en se vouant réciproquement à l'indignation et au mépris publics, et, par le vacarme des interpellations et des ripostes, à rendre impossible la moindre besogne utile, et à décourager tous les bons vouloirs, cela serait alors abominablement coûteux, et tant vaudrait que les législateurs se missent en grève ; on y gagnerait d'être tranquille et de ne leur pas payer d'appointements. Ce serait toujours cela d'économisé.

Seulement, chacun sait qu'une aussi désastreuse éventualité n'est pas à prévoir.

Pour un travail sérieux, nous aimerions mieux payer nos députés le double, et n'en avoir que

moitié moins. Ce n'est pas la multitude des représentants qui fait la valeur de la Chambre, et,
en cela comme en toutes choses, il faut préférer
la qualité à la quantité. Deux à trois cents députés bien triés, bien choisis, à convictions
éprouvées, instruits de nos besoins, expéri-
mentés en affaires, consciencieux dans l'accomplissement de leurs devoirs publics, soucieux de
mériter au premier corps de l'État la considération et le respect du pays, travaillant de bonne
foi, sans tumulte, sorte de Bénédictins parlementaires, quel rêve? Ah! messieurs les députés,
modifiez donc la loi qui nous impose de trouver
584 hommes remarquables, sans compter les
300 sénateurs! Qu'il nous soit permis de nous
contenter de moins que cela! une proposition
vous a été récemment faite dans ce sens.
Songez-y. Un bon mouvement, et supprimez
300 sièges. Nous choisirons, pour occuper les
284 sièges restants, les 284 citoyens les plus re-
commandables par leur probité, leurs talents et
leur sincérité politique. Et l'on conviendra que

la difficulté sera pour nous amoindrie de moitié.
Nous ne trouverons point mauvais alors que les
services de nos députés soient rémunérés comme
le méritent les plus grands qui puissent être
rendus à la nation.

Ce n'est pas qu'il nous soit impossible de dé-
nicher 584 candidats dignes d'être élus, et, s'il
fallait, on en pourrait certainement trouver davantage.

A Paris, par exemple, — de même dans toutes
grandes villes, — il n'est pas une idée compatible
avec le bon sens et supportant d'être expéri-
mentée, qui ne trouve, pour la soutenir et la dé-
fendre, des adeptes autorisés. Serions-nous rai-
sonnables de préférer, à ce personnel de choix,
des hommes-prospectus, et cela sur la seule foi
du prospectus! Si nous faisions cette sottise,
ce serait tant pis pour nous. Le proverbe
nous l'enseigne : comme on fait son lit on se
couche.

Ailleurs que dans les grands centres, le choix
est évidemment un peu plus restreint. Chaque

département ou, si l'on veut, chaque arrondissement, possède des hommes de valeur à qui leurs
mérites ont fait une situation bien acquise. Leur
crédit montre en quelle estime ils sont auprès de
leurs concitoyens. Mais certains à qui nous se-
rions heureux peut-être de confier la défense de
nos intérêts, refuseront la candidature. Nous
n'avons pas à rechercher quelles considérations
les rendent réfractaires à l'amour du panache.
Mais avouons qu'on ne saurait les blâmer beaucoup, si l'on songe, — abstraction faite même des
charges et des ennuis de l'élection, — qu'ils ne
sont guère encouragés au sacrifice, par la perspective des couleuvres que nous avons la regret-
table coutume de faire avaler aux candidats, sans
préjudice de celles que nous réservons à nos
députés.

Toutefois ce n'est point là un embarrras irré-
médiable, et l'on trouvera toujours le candidat
nécessaire, sans sortir de la catégorie de ceux qui
ont fait leurs preuves et qui offrent des garanties
d'intelligence, d'expérience et de sagesse.

Mais méfions-nous des quémandeurs de candidature, quelque position que d'ailleurs ils occupent. Méfions-nous surtout, si, pour être députés, ils se déclarent prêts à tout ce que l'on exigera d'eux. Prodigues de protestations et de promesses, ils ne s'étonneront d'aucune exigence, et, au besoin, ils prendront, suivant traité en règle, les engagements les plus stupéfiants. Rien ne leur paraîtra ni trop impératif ni trop énorme; et, chose extraordinaire, il se trouverait sans doute des électeurs pour prendre au sérieux de tels candidats, et croire qu'en politique des conventions peuvent valoir des convictions!

— Que ferez-vous, monsieur, si l'on vous nomme? demandera l'électeur.

— Ce que je ferai? J'obéirai à mon mandat! Donnez-moi un mandat! vous verrez comme je m'y tiens! Jamais je n'ai violé un mandat : je ne commencerai pas aujourd'hui. Voulez-vous la suppression du Sénat? Je voterai la suppression du Sénat. Voulez-vous qu'il n'y ait plus d'armées permanentes? Je voterai la suppression des armées permanentes. Voulez-vous qu'il n'y ait plus de gendarmes? Je voterai la suppression des gendarmes... Enfin, que voulez-vous? — dites-le, écrivez-le! Je ne veux rien, moi, que ce que vous voudrez vous-mêmes. Je ne serai plus moi : je serai vous! Libellez, formulez, faites un programme; établissez votre évangile; mettez-y tout, et encore davantage, et donnez-moi une plume pour signer et me déclarer votre esclave!

Oui, et cela paraîtra sensé à quelques-uns! voilà où l'on en est venu : les aberrations de l'esprit n'ont point de limites. On promettra bientôt, dans les programmes, la suppression de la pluie, à ceux qui adorent le beau-fixe, la suppression du soleil à ceux qui se plaisent dans la nuit! On promettra la multiplication du gibier aux braconniers qui le déciment, — aux pêcheurs à la ligne, la pêche miraculeuse, et aux pisciculteurs, l'inviolabilité des rivières; — aux citadins, le bon marché du pain et de la viande, et, aux ruraux. le renchérissement du bétail et du blé : mettez donc tout cela d'accord !

Les grands prometteurs ne mesurent point la portée de leurs promesses. C'est seulement après l'élection et lorsqu'ils sont mis en demeure de tenir ce qu'ils ont promis, que la distinction entre le possible et l'impossible leur crève les yeux. Ils en seront quittes pour s'écrier plus tard, en manière de justification : J'ai fait ce que j'ai pu ; je n'étais pas assez fort tout seul !

Électeurs mes amis, fuyons des candidats qui, pour prix de leur élection, ne craindraient point de contracter de si lourdes dettes. Rappelons-nous que les plus mauvais payeurs sont ceux qui donnent le plus facilement leur signature. L'important pour eux est d'obtenir, ils rendront s'ils peuvent ; honnêtes ils voteront suivant la consigne. Ils réclameront toujours et quand même ce qu'ils ont accepté la mission de réclamer. Ne leur dites point que ceci ou cela n'est point raisonnable : ce n'est pas leur affaire de le rechercher, c'est celle de leurs commettants. Tant qu'ils ne sont point déliés, on tenterait en vain de les éclairer en quelque chose. Ils ont donné leur parole : on a une parole ou on n'en a pas ! Ils ne sont point des législateurs, ils sont des porte-voix ! Rien ne sort d'eux, qui ne vienne du programme qu'ils se sont ou qu'on leur a imposé.

9,000 francs par an ! C'est bien cher pour remplir un rôle si modeste ! d'autant que l'on pourrait, avec avantage, remplacer le député, si telle est sa mission, par le phonographe. Qu'on se mette donc vite en mesure d'installer, dans chacune de nos réunions publiques, un exemplaire de cette ingénieuse machine. Les discussions, les vœux, les résolutions, viendront, sous une forme saisissante, se fixer sur le tympan inconscient mais fidèle. Ces récepteurs, approvisionnés comme il convient, seront envoyés à la Chambre dite des députés. Chaque département ou arrondissement, suivant le mode de scrutin, aura son phonographe. Les huissiers de service placeront avant la séance, sur des tables *ad hoc*, ces représentants bien équilibrés, qui, d'après l'opinion qu'ils auront à reproduire, seront distribués, qui à droite, qui à gauche, qui entre les deux, en respectant la gamme des tons politiques ; chacun de ces répercuteurs ayant été, au préalable, revêtu de la teinte appropriée.

Un huissier pourrait suffire à douze instruments. Jamais d'absences ! jamais de demandes de congé ! Pas d'ambitions, pas de passions, pas de jalousies !

On pourrait même supprimer la buvette : quelques gouttes d'huile épurée remplaceraient avec succès les vins de Bordeaux ou autres crus. Plus d'indemnité parlementaire, une seule mise de fonds assez importante : l'achat des phono-graphes-traducteurs ; puis, quelques réparations d'entretien.

Chose merveilleuse ! Il n'y aurait plus d'é-lections ! On aurait assez de quelques réunions publiques où se formuleraient nos volontés que l'enregistreur, autorisé à circuler en petite vitesse, parmi les colis, irait trans-

mettre à qui de droit, c'est-à-dire aux ministres.

Quelle conception grandiose de l'État que ce
remplacement du représentant du peuple, par
une machine destinée à noter, au fur et à mesure
qu'elles se produiront, les volontés du peuple !
Ce sera le plébiscite en permanence.

Est-ce ce que l'on veut ? Non sans doute ! Et
c'est cependant à cela que l'on tend : le plébiscite,
rien que le plébiscite, tout par le plébiscite.

Voyons : pouvons-nous, sans plaisanterie, exiger de notre député qu'il n'ait et ne puisse avoir
en tout d'autre opinion que notre opinion ? lui
interdire de voir et de juger quoi que ce soit par
lui-même ? lui imposer, sous peine d'ostracisme,
de n'être ni plus intelligent, ni plus instruit,
ni plus expérimenté, ni plus habile, ni plus
sage que nous ? Est-ce que nous défendons
à notre menuisier d'en savoir plus que nous en
menuiserie, et à notre tailleur de mieux couper
nos vêtements que nous ne ferions nous-mêmes ?

Pourquoi donc vouloir absolument soumettre

les députés à un guide-âne, quand nous le char-
geons de nous conduire ? C'est peu flatteur pour
tout le monde.

Non. Assurons-nous de l'intelligence du candidat, de son honnêteté, de ses convictions politiques ; et si, sous tous ces rapports, il nous
agrée, nommons-le, sans lui tracer d'autre règle
de conduite que d'être fidèle à lui-même : c'est
un homme libre qu'il nous faut et non un esclave.

A moins que nous ne soyons persuadés que la
seule qualité de citoyen électeur et éligible nous
fait, de plein droit, dépositaires de la quintes-
sence intellectuelle, et nous vaut la science,
aussi infuse que spontanée, de la politique ; ce
qui serait un beau succès pour le suffrage universel. Le succès serait plus beau d'ailleurs si
l'égalité devant la loi nous rendait, du même
coup, également experts en astronomie, balis-
tique, mécanique, agriculture, photographie, cor-
donnerie, etc... Mais il paraît que l'efficacité de
cette égalité se cantonne dans le domaine des
sciences sociales où tout le monde, sans avoir

rien appris, est apte à poser les bases toujours plus nouvelles et plus inédites de la future organisation des peuples.

Cependant, au dire de quelques mauvaises langues, le suffrage universel ne serait pas même tout-à-fait aussi éclairé que cela ; et l'on assure que, dans bien des circonstances, c'est en vertu seulement d'une présomption légale qu'on lui devrait attribuer la paternité du programme où se remanie de bout à fond la constitution de l'État, où se précisent en détail les lois soi-disant à faire, avec la façon de les préparer et la manière de s'en servir ; programmes au ton impératif, qui leur donne un certain air de fourches caudines. Ce pauvre suffrage endosserait la responsabilité d'œuvres qui ne sont point les siennes.

La majeure partie des électeurs, dit-on, en effet, les illettrés surtout, et ils sont nombreux, sont peu accessibles à la théorie. Ils ne voient que les gênes, les souffrances qu'ils endurent, et c'est pour les supprimer ou les amoindrir que chacun d'eux appelle telle ou telle réforme.

Comme beaucoup ressentent les mêmes froisse-
ments, les mêmes misères, il en résulte chez eux
une uniformité d'impressions, une similitude de
plaintes et, par suite, de vœux et d'aspirations.
C'est une tendance générale, un courant qui
s'établit. Que leurs griefs soient étendus et pris
en sérieuse considération : ils ne demandent
point une nouvelle création du monde. Ils ne sa-
crifient guère aux systèmes, ou, si l'on veut,
aux principes, et il serait bien possible de leur
donner satisfaction.

Mais, à côté de cette masse sincère et pleine
de sens, il y a les gens qui ont des systèmes à
revendre, où l'on reprend *ab ovo* tout ce qui
existe. Lorsqu'ils sont malins, ces tenants d'une
pierre philosophale quelconque, ils ont vite com-
pris que leur personnalité ne suffit pas à donner
du crédit à leurs idées et ils imaginent de se
faire imposer, sous forme de programme, la
mission d'appliquer la théorie à laquelle ils
rêvent de soumettre le genre humain. Ils courent
après le patronage du suffrage universel.

Le tout sera de persuader aux gens qui votent que c'est leur volonté, leurs idées, que l'on traduit et que l'on formule. Il faut qu'ils croient que l'on n'a pensé qu'après eux et d'après eux. Et, disent toujours les mauvaises langues, on arrive à cela sans trop de peine, par la voie de certains comités clos, — tout ce qu'il y a de plus clos. On se réunit à quatre ou à cinq..., quelquefois plus, quelquefois moins, dans le laboratoire où l'on va décider à la sourdine, sous le sceau du secret le plus hermétique, ce qu'il est convenable que veuille, qu'exige, qu'impose le suffrage *libre* de milliers ou de millions de citoyens et préparer les voies et moyens qui amèneront ce suffrage à vouloir, à exiger, à imposer. Lorsque l'œuvre est à point, on la découpe, on s'en répartit les tranches, on se distribue les rôles, et, dans la prochaine réunion publique ou privée, chacun des pétrisseurs du scrutin aura disséminé dans la salle des copains dociles qui, la leçon bien faite et soigneusement apprise, viendront jouer le personnage du Peuple et prendre en son nom une prétendue initiative. Ils lanceront, celui-ci, le commencement, celui-là, le milieu, cet autre, la fin du programme arrêté d'avance, mais adroitement morcelé pour la circonstance. Tel affidé proposera des critiques afin que tel autre les puisse réfuter, — victorieusement, cela va sans dire. Et tous les fragments de l'œuvre sophistiquée, après avoir, au cours de la représentation, paru germer spontanément dans les féconds cerveaux des partenaires bien stylés, se rapprocheront, se rejoindront, se ressouderont à miracle. Les deux ou trois cents personnes qui auront assisté à l'opération en seront bel et bien les parrains obligatoires. *Le Peuple aura parlé;* et sera déclaré traître, réactionnaire ou vendu, quiconque ne s'inclinera pas les yeux fermés devant le programme soi-disant élaboré et acclamé dans la réunion des électeurs! Et, *par discipline*, des centaines de mille de voix proclameront la volonté apparente des deux ou trois cents parrains, laquelle n'est, en réalité, que la volonté des deux, trois, quatre ou cinq membres du comité qui a *organisé* les vœux populaires ! Ainsi, le suffrage s'agite et on ne sait qui le mène !

Certes, si tout cela était vrai, comme le prétendent les mauvaises langues, il serait vrai aussi que le suffrage, en ce cas, n'est qu'un instrument aux mains de quelques meneurs ; une trompette qui résonne quand on souffle dedans : et qu'enfin ce suffrage serait très peu *universel*, puisque, ce qu'il traduirait par ses votes, serait une pensée de contrebande, et non la sienne.

Mais nous nous refusons à croire un mot de tout cela. Nous aimons mieux admettre (c'est moins humiliant pour nous) que ce que l'on dit être ainsi mitonné d'avance, se produit au contraire le plus naturellement du monde et sans complot préalable ; que dans ces réunions publiques ou autres, rien ne se dissimule ; que les coulisses n'y sont point connues, et que les programmes, marqués au coin de la plus grande sincérité, y surgissent d'eux-mêmes comme les épines sur les buissons ; que le coup de la carte forcée et tout ce qui tient à la prestidigitation est étranger à l'art électoral, même en ce qui concerne le choix des candidats, et que jamais choses ne se firent plus loyalement, plus librement et plus consciemment ; qu'enfin, les comités ne sont que ce qu'ils doivent être, des postes d'observation où quelques électeurs, dans l'intérêt de tous, jouent le rôle de sentinelles vigilantes et concentrent des renseignements sans appréhender de direction exclusive.

Il ne faudrait pas s'imaginer en effet que, nous autres électeurs, nous soyons dépourvus du sentiment de notre liberté, de notre pouvoir, et que nous soyons résignés à subir à perpétuité toutes les impulsions que l'on voudra bien nous donner. Nous savons quel résultat nous voulons atteindre. Nos formules sont absolues, soit : mais on sait bien que nos exigences sont limitées. Ah ! les formules de nos vœux ! oui, elles sont simples, primitives, indiscrètes peut-être ! Nous voulons que, s'il est possible, on allège l'impôt, au moins pour les faibles épaules. On

doit prendre l'argent où il est : jamais où il n'est
pas. Nous voulons que nos denrées et marchan-
dises diverses ne nous restent plus pour compte
et se puissent écouler avantageusement ; nous
voulons que tout homme de bonne volonté soit
assuré de son pain quotidien et que le fainéant
seul soit exposé à périr d'inanition. Nous voulons
que la justice soit moins formaliste, plus accessible
aux petites bourses et plus expéditive pour tous.
Nous voulons que chacun, maître de sa personne
et de sa pensée, libre dans sa parole, puisse, sauf
le respect des lois de l'État, fonder telles associations qu'il lui plaira, au gré de ses intérêts et de
ses goûts. Nous voulons que l'ordre intérieur soit
assuré pour tous contre chacun et pour chacun
contre tous. Nous voulons que nos communes
soient moins enserrées dans les mailles adminis-
tratives et moins dépendantes dans les questions d'ordre local. Nous voulons qu'on abolisse
une kyrielle de lois prohibitives ou autres, sortes
de règlements minutieux et vexatoires, qui, en
toute matière, ont pour effet à peu près unique

de nous irriter en créant des milliers de contra-
ventions puériles, que les gens les plus prudents
ne sauraient parfois éviter ; nous voulons... Mon
Dieu ! résumons : nous voudrions n'être point
tracassés, être nourris, vêtus, logés, etc... en
travaillant... Il en est bien quelques-uns qui
aimeraient autant avoir tout cela sans travailler,
mais ils n'oseraient en faire l'aveu.

On se récriera évidemment. Cet universel
bien-être, c'est une sottise, dira-t-on, de l'espérer. Personne ne le peut donner, l'aurait-on
promis dans les programmes.

Tout cela est fort juste. Qui ne voit que nous
le savons bien ! Nous ne comptons certes pas que
l'on puisse fabriquer pour nous un paradis.
Mais ne pourrait-on adoucir sur quelques points
la misère où nous sommes ? y apporter quelque
remède, quelque palliatif ? Et qu'on ne nous
demande point par quels moyens on y pourrait
parvenir. Ce n'est pas notre affaire ; c'est celle
de nos députés. C'est pour chercher, trouver et
mettre en pratique ces moyens, que nous les

nommons. Il est vrai qu'une fois nommés, certains s'écrient que nous poursuivons l'impossible ! Avant d'arriver à cette limite de l'impossible, que de choses possibles on rencontrerait en chemin ! Que l'on ne prenne point texte de l'excès de nos revendications, pour ne nous rien accorder. Des satisfactions nous sont dues. Elles sont trop lentes à venir. On devrait ne pas oublier que les concessions faites au présent sont un gage de tranquillité future. A tout refuser, à tout éluder (ce qui est une forme du refus), les gouvernants, les députés, se rendent responsables des grandes crises, des révolutions brutales, des coups de force, des chavirements. Si, quand vient l'heure de porter la main sur l'édifice qu'ils ont condamné eux-mêmes, ils n'osent ou ne savent toucher à rien ; si, oublieux de leur mission, ils se font une règle d'étayer ce qui croule, s'ils s'effraient à l'idée de l'innovation, s'ils se mettent à la tête du mouvement, non pour le favoriser en le dirigeant, mais pour l'arrêter ou le ralentir, l'effort s'accumule, et lorsque, vaincus, ils se résignent aux concessions inévitables, ils font trop peu pour la longue attente qu'ils ont imposée, pour les impatiences qu'ils ont irritées. Dédaigneuse d'une aumône tardive, la masse, affamée d'avenir, va, dans son ardeur inassouvie, brisant tout, parce qu'on ne lui a sacrifié rien.

Après quoi, les sages seront condamnés à refaire du neuf avec les débris du vieux.

Voyez déja se former des groupes bruyants et redoutables, à qui nos vœux paraissent trop modestes. Ce sont des minorités, mais des minorités qui grossissent chaque jour. Elles prétendent reconstituer le monde en un tour de main sur des bases entièrement nouvelles. Elles veulent effacer le passé, le présent, comme de simples hypothèses. Songez-y! on aimera mieux tout tenter, que de renoncer à l'espoir d'être moins mal que l'on n'est. Nous sommes encore une majorité pour qui les questions de théorie pure sont du luxe; mais qu'on ne nous décourage pas !

Nous sommes pour l'idée pratique ; nos aspirations sont pour le résultat défini, dont l'utilité se démontre sans phrases. La perspective d'une aventure dans l'inconnu ne nous ravit point. Nous ne sommes point assez détachés du présent, soit pour retourner vers le passé, soit pour nous vouer aux sectes qui nous promettent un avenir de parfait bonheur.

La *guerre au capital*, la *révision de la constitution*, la *séparation des Eglises et de l'Etat*, la *suppression du Sénat* ou *de la Présidence de la République*... sont de graves questions qui nous promettent beaucoup de discours : le moindre grain de mil serait bien mieux notre affaire.

Celui-là verrait mal les choses, qui croirait pouvoir juger des vœux de la France par ceux que quelques centres industriels émettent à grand fracas. Les tendances générales du pays se montrent plus nettement dans la moindre bourgade, qu'à Paris, à Lyon, à Saint-Etienne. Les impôts sont lourds, l'agriculture est misérable, le commerce ne va pas... voilà ce qui nous touche, nous émeut, nous trouble, nous épouvante. Le reste?... Le reste sonne creux tant que nous sommes à jeun.

Nous n'avons pas cinq autres années de patience à sacrifier aux tirades sur le parlementarisme, aux discussions oiseuses, aux thèses qui sollicitent toujours un tour de faveur et prétendent primer par le bruit et le tapage la solution des questions utiles. Nous en avons assez des grands mots qui rendent aux incapables le service de masquer le vide de leur cerveau et le néant de leurs aptitudes. La chambre n'est pas et ne doit pas être une arène creuse où les députés jouent le rôle d'athlètes. Ils y sont non pour nous donner le spectacle d'une joute, mais pour y travailler de concert dans l'intérêt de nos affaires communes. Est-ce que la constitution actuelle empêche de toucher au système des impôts? de simplifier les rouages de la justice? de redevenir protectionniste? de décentraliser? de régler la liberté d'association? etc., etc... Non, n'est-ce pas? Eh bien! qu'on fasse d'abord ce que la constitution permet de faire ! c'est ce qui presse le plus. Ensuite on révisera tout à son aise !

Nous comprenons que la droite veuille réviser à tout prix : la forme même du gouvernement peut se trouver atteinte par la révision. Mais des républicains ? Ne voient-ils pas que remettre sur le tapis la base même de l'édifice, c'est presque remettre en question s'il sera édifié ?

Non, il n'est pas temps encore de parler de cela. C'est, pour le moment, du superflu. Nos vœux sont moins imprudents et plus prosaïques ; des réformes, oui, et immédiatement, dans le domaine pratique et utile.

Seulement, le premier venu n'est pas de taille à collaborer sérieusement à cette tâche. Nous avons beau être tous égaux devant la loi, dame nature n'en a pas moins fait celui-ci plus long que celui-là. Il y aura toujours des braves gens et des coquins, des hommes intelligents et des im-béciles, de bons et de mauvais travailleurs dans tous les métiers. Ils seront tous égaux devant la loi, c'est entendu. Mais les clients savent distinguer et ils s'adressent de préférence à ceux dont ils attendent les meilleurs services.

Eh bien ! en politique il y a aussi de bons et de mauvais travailleurs. Tâchons de trouver les bons et de les utiliser, en leur recommandant de ne point s'attarder aux fioritures : assez de parade. Il est temps de commencer.

Une invitation à leur adresser, — j'allais dire un programme à leur imposer, — c'est de ne point s'annexer à des groupes, à des coteries, à des églises. Enrégimenté, on n'est plus libre. Et les intérêts du *groupe* peuvent ne pas cadrer avec l'intérêt public.

Mais, voilà ! La tradition veut qu'à la Chambre on fasse des groupes. Singulière concentration ! Chaque député ne voudra plus que ce que voudra son groupe, ne pensera que ce que pensera son groupe. Cela devient un conflit de groupes. Et, suivant des *on-dit* que nous autres, pauvres électeurs, nous ne saurions contrôler, l'enjeu, ce sont les portefeuilles, c'est le pouvoir ! Si mon groupe est au pouvoir, je m'écrie : Qu'on l'y laisse, et la France sera heureuse!... Si c'est un autre groupe que le mien, je joue aux quilles avec les ministres.

Parbleu! C'est qu'ils disposent des bureaux de tabac, ce qui ne prépare pas ma réélection !

Et c'est ainsi que l'on arrive à discréditer le régime parlementaire. C'est ainsi qu'on nous fait douter, nous, les crédules électeurs, si nos institutions sont de celles dont il est permis d'attendre quelque chose d'utile. C'est ainsi qu'à force de querelles stériles, de crises sans objet, de travaux sans suite, d'agitation sans but, on finira par nous énerver, nous affoler et nous rendre semblables à ces braves gens qui, perdant confiance en leur médecin, se livrent à l'empirique ou se dévouent au sorcier. En politique, il ne manque ni d'empiriques ni de sorciers.

Ce n'est pas seulement de nos élus que peut venir le danger. Il peut venir aussi de nous-mêmes; car c'est nous qui faisons les élus. Et que de choses qui peuvent aveugler l'électeur dans ses choix et le faire dévier de la bonne route !

Notre premier devoir est d'oublier notre intérêt propre, et de ne pas considérer que celui-là est le bon candidat, qui pourra nous rendre le plus de services personnels. Ce sont certainement de mauvais électeurs, ceux dont la conscience ne sait plus se tenir droite devant la promesse d'un bureau de tabac... (Les bureaux de tabac ne se donnent point à l'adjudication.) En votant et en faisant voter pour le candidat qui leur a ouvert cette perspective, ils votent et font voter uniquement en réalité pour leur bureau de tabac futur, et, l'élection faite, ils n'ont rien de plus pressé que de réclamer le prix de leur zèle. Si celui qui paie ce zèle est blâmable, que dire de celui qui le vend !

Il y a mieux : sommes-nous bien rellement et uniquement électeurs ? Hélas ! nous avons tous la manie de vouloir être un peu candidats à quelque chose, aujourd'hui, demain ou après, et, préoccupés de nos velléités ambitieuses, nous ménageons, pour en tirer ensuite quelque profit, des gens avec qui nous devrions ne jamais nous associer, c'est-à-dire nous compromettre, et des tendances que nous répudions dans notre for intérieur.

Mais la fièvre du galon, la frénésie du panache nous tournent la tête ! Tous nous rêvons d'un rôle à jouer, tous nous voulons être ou conseillers municipaux ou conseillers d'arrondissement, ou conseillers généraux, ou députés, ou sénateurs, ou ambassadeurs, ou ministres, ou présidents, sinon de la République, du moins de quelque chose..... serait-ce d'une commission de répartiteurs ! On ne trouvera bientôt plus personne pour être peuple !

Il faudrait cependant, au moment du scrutin, ne songer qu'à notre droit et à nos devoirs d'électeurs, et savoir n'être que simples soldats, sans arrière-pensée.

Autre observation : trop de crédulité nuit. L'un nous promettra la lune, et nous serons pour lui ; jusqu'à ce qu'un autre plus avisé nous assure qu'il nous donnera le soleil. Aussitôt, nous sommes pour le soleil contre la lune. C'est nous qui faisons ainsi le succès de ces audacieux qui n'ont d'autre titre à notre confiance que l'énormité même de leurs invraisemblables engagements. Ne comprendrons-nous donc jamais que ces programmes tout de miel finissent par n'être qu'un mot de passe à la faveur duquel il sera facile, même à nos adversaires les plus décidés, d'arriver au pouvoir? Le procédé est commode, s'il suffit, pour nous dominer, de nous promettre plus que d'autres n'ont promis! Les promesses des candidats ne coûtent cher qu'aux électeurs.

Méfions-nous donc de ceux qui prétendent nous donner plus que nous ne réclamons en réalité nous-mêmes. Ne nous laissons pas gagner à la générosité des prospectus électoraux. Ne considérons que le candidat, et, avant de l'adopter, assurons-nous que nous le connaissons bien, que ses aspirations sont les nôtres et que le travail n'est pas fait pour lui faire peur. Peut-être parviendrons-nous ainsi à n'envoyer à la Chambre que des gens qui se puissent plus ou moins accorder ensemble.

Ne perdons pas de vue que les élections prochaines seront une expérience grave d'où résultera la démonstration que le suffrage universel a ou n'a pas encore acquis les lumières nécessaires pour choisir de bons ministres. C'est avec un certain recueillement que nous devons nous y préparer. C'est la conscience seule du devoir électoral qui justifie le droit de vote. Est-ce que nous méconnaîtrions la portée de ce devoir? Seraient-ils dans le vrai, les contempteurs du suffrage universel, lorsqu'ils soutiennent que le mérite d'un candidat nous froisse s'il est supérieur au nôtre? Seraient-ils dans le vrai, lorsqu'ils affirment que le suffrage n'est que le jouet des ambitieux, à moins qu'il ne soit l'esclave de passions irréfléchies, sorte de masse flottante à qui manque le gouvernail et qui, désemparée, suit comme une épave tous les courants qui la veulent emporter.

C'est ce que l'événement dira. Le suffrage, s'il n'est point faussé, — et il est plus difficile à fausser qu'on ne croit généralement, — traduit et traduira toujours ce qui est dans le cerveau et dans le cœur de la masse électorale. Le résultat du scrutin témoignera exactement du niveau de notre état intellectuel et moral, de nos divisions ou de notre accord, de nos convictions ou de notre scepticisme, de nos indécisions ou de notre foi. Nous ne ferons jamais qu'une Chambre à notre image : telle elle sera, tels nous sommes. Si nous la voulons éclairée et prudente, en même temps que réformatrice, instruisons-nous, devenons sages, et sachons vouloir.

Si nous avions une tour de Babel, ne nous plaignons pas : c'est nous qui l'aurions faite.

Quoi qu'il arrive, cependant, il ne faut jamais désespérer de l'avenir ou s'effrayer des tribulations incessantes auxquelles nous paraissons actuellement voués. L'humanité, comme les individus qui la composent, vit de désirs et d'espérances. Elle a l'impatience du présent, et ce fatal besoin de courir sans trève après un état meilleur. Ce n'est là ni une qualité, ni un défaut : c'est la loi de nature. Les sociétés ne peuvent point arriver à la stabilité définitive. Il ne saurait y avoir de définitif en elles que leur mort. Tant qu'il y aura des hommes, les uns voudront atteindre l'avenir avant l'heure, d'autres prétendront fixer le présent. Ils guerroieront tous, ceux-ci pour conserver, ceux-là pour conquérir. Si les sociétés se reposent par intervalles, c'est uniquement comme les enfants qui, fatigués parfois de crier, s'arrêtent pour reprendre des forces et recommencer de plus belle.

FIN

ÉMILE COLIN. — IMPRIMERIE DE LAGNY.